primeiras palavras

primeiras palavras

Poemas de

DOUGLAS MESSERLI

incluindo a peça
"Um Cão Tenta Beijar o Céu"

Organização
RÉGIS BONVICINO

Traduções
CLAUDIA ROQUETTE-PINTO
E RÉGIS BONVICINO

Æ
Ateliê Editorial

ISBN – 85-85851-88-0

Editor: Plínio Martins Filho

ATELIÊ EDITORIAL
Rua Manoel Pereira Leite, 15
06700-000 – Granja Viana – Cotia – SP – Brasil
Telefax: (0xx-11) 7922-9666
1999
Printed in Brazil
Foi feito depósito legal

sumário

Introdução – Regis Bonvicino 9
Poemas / *Poems* 15
Sonetos pesados / *Heavy sonets* 45
Diálogo entre poemas 63
Um cão tenta beijar o céu / *A dog tries to kiss the sky* 67
Entrevista 89
Resenha 99
Bibliografia 111

introdução

DÍNAMO

Poeta, dramaturgo e *publisher* das prestigiosas Sun & Moon Press, de Los Angeles, e Green Integer, de Copenhague/Los Angeles, Douglas Messerli, aos 53 anos, é um dos dínamos da poesia americana experimental, a mais vigorosa do Continente, pela operação de resgate que faz do caráter inovador dos múltiplos modernismos do início do século. Messerli editou, em 1994, uma das mais consistentes e representativas antologias de poesia de seu país, desde de *The New American Poetry*, de Donald M. Allen (1960): *From the Other Side of the Century: a New American Poetry 1960-1990* (Sun & Moon Press), com mais de 1000 páginas. O volume vendeu 10 000 exemplares e é um dos *best-sellers* de sua editora – que tem entre seus vários autores locais Djuna Barnes, Jerome Rothenberg, Charles Bernstein, Carl Rakosi, Lyn Heijinian, Larry Eigner e entre os estrangeiros Paul Célan, o russo Arkadjii Dragomoshenko, o francês Valéry Larbaud, o brasileiro Osman Lins. Douglas lançou, anteriormente, pela New Directions, outra seletânea crítica: *Language Poetries* (1988). Foi sua *From the Other Side of the Century* uma das fontes da brasileira *Nothing the Sun Could Not Explain / 20 Brazilian Contemporary Poets* (Sun & Moons Press, 1997), por ele publicada e editada por Michael Palmer e por mim.

Os poemas – todos de sua lavra mais recente e ainda inéditos em livro nos EUA – peça e pontos de vista sugerem ao leitor atento que a chamada arte de inovação foi, ao longo das duas últimas décadas, adquirindo outros perfis: vinculação intensa entre linguagem e vida, sem, entretanto, recair no tom de confissão, e afastamento da idéia de "linha evolutiva". Sua poesia, logopaica, é um tanto elíptica, com abstrações que beiram às vezes o enigma e a advinha, embora referenciadas em situações concretas. Nela, o ritmo é utilizado para "acender", como observou, a mim, Claudia Roquette-Pinto, o sentido dos jogos de palavras, sempre surpreendentes. A peça ora traduzida, *Um Cão Tenta Beijar o Céu*, pode ser situada, mesmo com sua inflexão *gay*, no território dos inventos, humor e "absurdos" de Eugène Ionesco, ao explorar, com perícia de diálogos, a idéia do "desencontro" ou da impossibilidade do "encontro", entre os homens. Idéia de "desencontro" que se acha igualmente em seus poemas: desencontro entre som e sentido, coisa e palavra. Veja-se

“Agosto”, na excelente versão de Roquette-Pinto: “... Nuvens / fogem entre as / asas dos pássaros, e / a vibração trama algo / que os dedos querem / apalpar: ausente, / à espera, e não / no tom exato”.

É a este autor (e *outstanding publisher*), de quem me tornei amigo desde 1994, que estas *Primeiras Palavras* prestam homenagem – sob a forma de reflexão (por meio da tradução) e de diálogo, entre aspectos clandestinos de culturas esmagadas pelas *mass media* e pelo universo *pop*.

Regis Bonvicino

27 de junho de 1999.

poems
poemas

Rose

For the cost
a backhand across
cannot, a knot
of this accost, an act
of thorn. I'll forgive,
take your acid.

Rosa

Pelo custo
que um soco no rosto
não susta, o osso
deste acosso, um gesto
de espinho. Eu te perdôo,
tomo o amargo.

Tradução: Claudia Roquette-Pinto

Icarus

The way
sometimes
sometimes
goes forward
the way
silence –
this is what
it is still,
the request
to people
the overgrown
slope, solitary
as the next
stretch
of fact
and between
trespass
the boy
with white bones
on the cliff

drops
a song. The women
give birth. He eats
salt from the wing
of an angel.

ÍCARO

O modo como
às vezes
às vezes
se adianta
o modo como
o silêncio –
é isto o que
é, ainda,
um pedido
para que se povoe
o enorme
declive, tão ermo
quanto qualquer
extensão
de fatos
e no intervalo
do trespasse
o rapaz
no penhasco
com ossos brancos nas mãos

solta
uma canção. Mulheres
dão à luz. Ele toma
sal da asa
de um anjo.

Tradução: Claudia Roquette-Pinto

Transvesticism

Wicker hampers
light, from the pond
the scene above shadows
the adored table
where mangoes spot
the yellow fine-loomed
linen upon which we do not
usually drink, disproportinate
to the rockers on the small
white flagstones dashing
at hummingbirds magnetized
by the reverberation
of the abolishment and waltzing
the wide stairways in a curve
of vegetal whorls to the bell
at latch. There is no murmur of dove.

Outside the paved silence
leads to an "intensity of stimulation"
simply by its possible existence.

July 16, 1995

Travestismo

Cestos de vime retêm
a luz, do laguinho
a cena acima ensombra
a mesa idílio
onde mangas mancham
o fino linho
amarelo onde
não costumamos beber, fora de prumo
frente às cadeiras de balanço
sobre as lajotas brancas, sinal
para beija-flores que se imantam
na vibração
do que foi abolido, dançam
pela ampla escadaria em curva
de plantas espiral até o sino
com tranca. Nenhum rumor de pomba.

Lá fora o silêncio calçado
"amplia os estímulos"
apenas porque pode ser possível.

16 de julho de 1995

Tradução: Claudia Roquette-Pinto

AUGUST

Dear carriage,
in the summer
as it quietly
lowers and lowers
dissolve
into conclusion,
the gallop
is an instant
picture of resemble.
The future borrows
trouble from
the branch
where every fork
is a waver of the jostle.

How to stand
the blank white
light of the present
summer focused
in the thinking grass,

so dry it cracks,
when the afternoon
banks upon what
would fly. Clouds
leave through the
wings of birds, and
stir is up to something
the fingers long
to pinch: missing,
waiting, and not
in the perfect shade.

August 1996

Agosto

Querida carruagem
no verão
enquanto estanca
e lentamente
se desmancha
em conclusão,
o galope
é um instantâneo
a semelhança.
O futuro empresta
problemas
do galho
e a cada bifurcação
hesita frente à contenda.

Como agüentar
a luz intensa,
branca do verão
presente, em foco
sobre a grama pensativa,

seca a ponto de estalo,
quando a tarde
se fia no que
voa? Nuvens
fogem entre as
asas dos pássaros, e
a vibração trama algo
que os dedos querem
apalpar: ausente,
à espera, e não
no tom exato.

Agosto de 1996

Tradução: Claudia Roquette-Pinto

Beyond

Beyond the moon
horns slob
willow waving
gray in two
columns along
the road, the nails
of vacancy scratching
at stars

August 1996

Além

Além da lua
clarins balbuciam
salgueiros acenando
o cinza em duas
colunas ao longo
da rua, as unhas
da lacuna arranhando
às estrelas

Agosto de 1996

Tradução: Régis Bonvicino

Além

Além da lua
seus chifres lentos
salgueiros cinzentos
oscilam em duas
filas à beira
do caminho, as unhas
do vazio arranhando
as estrelas.

Agosto de 1996

Tradução: Claudia Roquette-Pinto

SILENCES

As words
no answers
fever silence.
Perspiration forgets
to break out
leaving calm
by clamy paste
upon concealment's
face, a seeming
sleep...
that conspires in
its expiration.

August 1996

Silêncios

Como palavras
não responde
silêncio febre.
Transpiração esquece
de escapar
deixando calmo
suor viscoso
sobre o rosto
oculto, um aparente
sono...
que conspira em
sua expiração.

Agosto de 1996
Tradução: Régis Bonvicino

SILÊNCIOS

Porque são palavras
nenhuma resposta
instiga o silêncio.
O suor se esquece
e não assoma
apondo calma
à massa viscosa
sobre o rosto
sonso, forjando
um sono...
que conspira na
própria expiração.

Agosto de 1996

Tradução: Claudia Roquette-Pinto

NEVER HAVING BEEN HERE WHEN THE SUN ROSE

for Myung Mi Kim

The dream
in fits
of daylight's
allegations
looks out
with little thorns
into new day
gone, but appearing
at the door
of deep deep
sunset, tunes us
to delay.

September 19, 1996

NÃO ESTAVA AQUI QUANDO O SOL NASCEU

para Myung Mi Kim

O sonho
na síncope
da luz do dia
afirma
abre os olhos
mínimos espinhos
o novo dia
ido, mas surgindo
à porta
do crepúsculo
profundo, nos afina
ao que adia.

19 de setembro de 1996

Tradução: Régis Bonvicino

Não estava aqui quando o sol nasceu

para Myung Mi Kim

O sonho
num acesso
de pretextos
matutinos
vigia
com pequenos espinhos
o novo dia
findo, mas surgindo
à porta
do profundíssimo
ocaso, nos afina
com o atraso.

19 de setembro de 1996

Tradução: Claudia Roquette-Pinto

Resolve

for Robert Creeley

I resolved, found
center, it is
a tree beyond view
the weather reaches

only as wind, deadened
by the insistent
nothing between

something feeling
and the walk to

Resolução

para Robert Creeley

Resolvi, achei
o centro, é
uma árvore além da vista
que o tempo só atinge

em forma de vento, amortecida...
pelo insistente
nada entre

algo que sente
e o caminho até

Tradução: Cláudia Roquette-Pinto

RED LIGHT

A named light
without   the article
is the debate
of darkness.
Decision opens
the slats
for permission
implicitly throwing
recognition upon
the tropical
exposure
of speech: mistaken
as imagined, elaborate
as a spot
that spreads blood
out over
landscape — the terror
of coming to an end.
The Gods pray
for soap.

LUZ VERMELHA

Uma luz nomeada
sem o artigo
é o debate
da escuridão.
Consentimento abre
as lâminas
para o sim
implicitamente lançando-se
na exposição
tropical
da fala: equivocada
como imaginada, elabora
como um ponto
que espalha sangue
sobre a paisagem — o terror
de se chegar ao fim.
Deuses
imploram por sabonete.

Tradução: Régis Bonvicino

heavy sonnets
sonetos pesados

The illusion

Time ruins
the traveler
who finds
the poem. Ink
writes her shadow
amidst the entombment
of unwarrantable blackness.
Huddled with dawn
the word forgets
history like the dog
slipped off to search
for its bones. Illusion
advances the stone's throw
returning the beast to tow
away event.

May 2, 1997, S. Catalina

A ILUSÃO

O tempo arruína
o viajante
aquele que descobre
o poema. A tinta
inscreve sua sombra
enquanto se encerra
a escuridão imperdoável.
Envolta na aurora
a palavra esquece
a história, como o cachorro
se esgueira a procura
dos ossos. A ilusão acelera
o arremesso da pedra
devolve a fera
rebocadora de eventos.

2 de maio de 1997, S. Catalina

Tradução: Claudia Roquette-Pinto

THE DIRECTION

What is the meaning
of the unexpected
regret for what was
not the result?
The clamor of collapse
devours the hours
put forth as a veer
to show what direction
could not have been
if we had gone there
despite. No, I jump
at the tremor to get
back to a walk I ran
off from and sit out
the chair in the error.

May 4, 1997, S. Catalina

A DIREÇÃO

Qual o significado
do remorso inesperado
por aquilo que não
foi o desfecho?
O ruído do colapso
devora as horas
suposta guinada
indicando o sentido
que não podia ter sido,
se tivéssemos ido até
lá, apesar. Não, trepido
só de esperar o retorno
a um caminho arcano
e me sento sozinho
na cadeira do engano.

4 de maio de 1997, S. Catalina

Tradução: Claudia Roquette-Pinto

THE CRY

Out at sea
it is whatever
direction that is not
the actual blue
of the instant, it is
curling on the wave to breech
surface as a cry
at the page's end
presumably if the poet
has swallowed like the whale
the whole of content's
song and needs to edge
emptiness by the breath of so much
noise that a sky
can finally be gasped.

May 4, 1997, S. Catalina

O GRITO

Em alto-mar
é em qualquer
direção que não
o azul real
do instante, é
enrolar-se na onda emergindo
às avessas, como um grito
no final da página,
isso supondo que o poeta,
assim como a baleia, tenha engolido
por inteira a canção do
sentido e precise afastar
o vazio expirando com tanto
ruído que consiga,
enfim, sorver um céu.

4 de maio de 1997, S. Catalina

Tradução: Claudia Roquette-Pinto

THE DESIRE

In rapid succession
a blur, her fear and
the click of the eyelid
register what is central
to the plot: it is sometimes
called desire but is often
perceived as disgust, a digest
of what we couldn't quite
witness but might have
if we could control
the apparatus meant to stimulate
the record not kept, that it was
a perfect day despite the rain
and the earthquake, the fire and riot
that in that instant took place.

May 4, 1997, S. Catalina

O DESEJO

Na seqüência veloz
a mancha, o medo e
o clique da pálpebra
confirmam o nó
do enredo: o que às vezes
chamamos desejo também pode
cheirar a nojo, um resumo
do que não
vimos, de todo – e veríamos, se
fosse possível
controlar o mecanismo, acionar
o registro não feito, de que era um
dia perfeito, fora da chuva,
o incêndio, o tremor o e motim
explodindo naquele segundo, ali.

4 de maio de 1997, S. Catalina

Tradução: Claudia Roquette-Pinto

THE SUPPOSITION

Let us suppose
long before our suppositions
time was when
the figment of my content
was the subject unremembered
or dismembered even spread
around the house as the always
under-the-foot cat
of utterance wanting to be fed.
Someone else named you
organized it into a dialect
that the tongue was taught
to seek independence from, that
between the tongue and what
it spoke was the howl of discontent.

May 3, 1997, S. Catalina

A SUPOSIÇÃO

Vamos supor
que muito tempo antes de haver suposições
houve outro tempo
quando a fagulha de tudo o que sou
era matéria deslembrada,
desmembrada, esparsa até
pela casa, como o gato
rasteiro e diário
da fala, esperando alimento.
Outro alguém chamado você
armou o dialeto
do qual a língua aprendeu
a tornar-se independente,
entre a língua e o que ela
dizia, o descontido, o descontente.

3 de maio de 1997, S. Catalina

Tradução: Claudia Roquette-Pinto

THE BEAUTIFUL

The hole
between the eye
and once — the beautiful
is nothing
but necessity
made known
by repetition
of expression
and result
of not noticing
what was
so necessary to
the eye: the whole
between.

May 19, 1997, Los Angeles

O BELO

O oco
entre o olho
e uma vez – o belo
é nada
mas necessidade
se fazendo conhecer
pela repetição
da expressão
e resulta
de não notar
o que era
tão necessário para
o olho: o todo
entre.

19 de maio de 1997, Los Angeles

Tradução: Régis Bonvicino

THE SILENCE

Where is the end
of the lunatic fringe
that pulls my stutter
into a straight sentence:
an imprisonment actually
where all is concrete
and one has to bunk
on the lie of utterance.
My cellmate has come
from the moon of my
dumbness and I cannot
witness the cause for its
being so black. The food
I have here's fear, the only
escape's silence.

May 5, 1997, Los Angeles

O SILÊNCIO

Onde está o fim
da franja lunática
que puxa minha gagueira
para uma sentença direta:
onde tudo é concreto
e alguém tem que ter um canto
literalmente falando.
Meu colega de cela veio
da lua de minha
mudez e eu não posso
testemunhar a causa por
ela ser tão preta. A comida
que tenho aqui é medo, o único
escape, silêncio.

5 de maio de 1997, Los Angeles

Tradução: Régis Bonvicino

ULYSSES' CAT

He walks white paths,
his freckled hands staring
at him. It is a slow
struggle to fire hesitation.
He approaches what
is to bear
the yield that tears
at start. He establishes
the shipwreck as refusal
to seduce the hesitation
between confusion
and the cold cold look
of inside out. He is suddenly
taciturn as praying
dogs that faithful curl up.

May 13, 1997, Los Angeles

O gato de Ulisses

Ele segue trilhas brancas,
encarando as mãos sardentas.
Esforço lento
o disparo do dilema.
Perto da
experiência
de entregar-se, que, de início,
rasga. Fixa o naufrágio,
sua recusa
à conquista do que hesita
entre a incerteza
e o olhar do avesso,
frio. E, súbito,
fica sombrio, fiel
como um cão em decúbito.

13 de maio de 1997, Los Angeles

Tradução: Claudia Roquette-Pinto
e Régis Bonvicino

diálogo
entre poemas

The page

The page, unique petal
cries information with blank
remain. It is passage
to say entirely
with a drop abrupt
-ly proving pleasure
begs a certainty
that leaves remind to what stay?
The lesson will releases
seeds the after, opening
questions that stem
from track as proof
disappears with the buzz
of acts: hear and here
are hours
taken to get
where so worn.

December 6, 1996
Douglas Messerli

A PÁGINA

A página, pétala
única
se insinua
em branco

aguardar.
É passagem
de pássaros —
e chuva

abrupta
como êxtase
intenta uma

certeza
folhas lembram
de guardar o que

11 de dezembro de 1998
Régis Bonvicino

a dog tries to kiss the sky
um cão tenta beijar o céu

Peça teatral assinada
com o pseudônimo
de Kier Peters.

A DOG TRIES TO KISS THE SKY

Two men against the sky.

ALBERT: Hear him?

BOB: What?

ALBERT: Hear?

BOB: Who?

ALBERT: (*Cocking his head*) He's barking.

BOB: (*Cocking his head*) No. I don't hear him.

ALBERT: Hear him now?

BOB: No, I don't.

ALBERT: Far in the distance.

BOB: I'm supposed to have good ears.

ALBERT: Who says?

BOB: I say. My wife.

ALBERT: (*Cocking his head*) Then you hear him?

BOB: (*Cocking his head.*) Nope.

ALBERT: Then you don't.

BOB: I can hear a train.

ALBERT: No train.

BOB: In the distance – there – the whistle.

ALBERT: No train in this part of the state.

BOB: Sounds like a train.

ALBERT: No. It sounds like a dog.

BOB: I mean the whistle.

ALBERT: It's a bark.

BOB: What you hear is – evidently. But I'm hearing a whistle – like the whistle of an engine – of a train.

ALBERT: No train.

BOB: Doesn't sound like a siren.

ALBERT: Ah – that's his howl.

BOB: Doesn't sound like a howl.

ALBERT: But that's what it is.

BOB: You've heard this all before?

ALBERT: Every day.

BOB: In the distance?

ALBERT: Far away.

BOB: And it never comes closer?

ALBERT: Not much.

BOB: And you never move closer to it – to him?

ALBERT: Why should I want?

BOB: To find out if it really is a dog.

ALBERT: Oh it's a dog all right.

BOB: Or why he barks or why he howls.

ALBERT: Don't want to know.

BOB: Maybe it would help.

ALBERT: Help what?

BOB: The dog. Maybe it's lonely.

ALBERT: Probably been beat.

BOB: Maybe he's hurt. You could help him.

ALBERT: I don't like dogs.

BOB: I do.

ALBERT: Then I wish you'd hear him too. You could go out and save him or shut him up.

BOB: I don't hear anything.

ALBERT: (*Shouting.*) You could go and shut him up.

BOB: Stop shouting!

ALBERT: Do you read lips?

BOB: (*Confused.*) No.

ALBERT: How do you know what I'm saying then?

BOB: I'm not deaf.

ALBERT: Then you shouldn't say so.

BOB: I didn't. It was just a figure of speech.

ALBERT: Well do you hear him or don't you?

BOB: I don't hear him, but I hear you.

ALBERT: Well, you're one of the few people who do.

BOB: Do what?

ALBERT: Hear me. Most people turn away.

BOB: Away?

ALBERT: From me.

BOB: Why should they do that?

ALBERT: Because they can't hear.

BOB: You mean the dog?

ALBERT: The dog. And then me, when they turn away.

BOB: They're just confused.

ALBERT: No. They just doubt.

BOB: Well, I have to say...

ALBERT: I know, you doubt me too.

BOB: It's natural. I mean, when one's hearing is perfectly normal – if not exceptional, which is what most people think perfectly normal is all about – and you hear something someone can't it's natural to doubt that you're really hearing this exceptional thing each and every day.

ALBERT: No, they don't doubt me. They doubt the dog.

BOB: Well they may say they doubt the dog, but it's you – your hearing it that is – that's really behind what they say.

ALBERT: Well hell, I'm here. They got eyes.

BOB: They don't doubt your existence, just your ability to hear.

ALBERT: Well, I do.

BOB: What?

ALBERT: Doubt my existence, after they all turn away. It's like I never existed. Just like the dog. And they certainly no longer hear – if they formerly did – what I have to say about anything – the dog, the weather, the time of day. So after all I go off and stay in a little corner of town where no one ever goes much. And I think to myself.

BOB: What is it you think?

ALBERT: I told you, I think he's being beat.

BOB: I mean, what is it you think to yourself?

ALBERT: Oh, like whether or not he's being beat. Or if he deserved it. Or if he's going to stop. Or if I should take a gun and go over to wherever it is he's howling from.

BOB: You don't like dogs.

ALBERT: That's what I said.

BOB: Why don't you like dogs?

ALBERT: (*Pondering it for a moment.*) They bark. And howl.

BOB: Well I know some who don't. Most don't howl. And some don't bark much.

ALBERT: Only takes one.

BOB: Do you hear other dogs?

ALBERT: Of course! All around town.

BOB: Now?

ALBERT: You hear'em?

BOB: No.

ALBERT: Then why do you expect me to. I'm no better than you up close. When they bark most everyone hears. And that's why they get shut up! But this – he's different. No one hears him – so it appears – but me. So no one – except maybe the man who beats him – cares whether he howls or not.

BOB: Does he ever stop?

ALBERT: (*Looking with disbelief.*) Of course! He's gotta sleep. He's gotta eat. I live my life around those few hours. When he sleeps, I sleep. When he eats, I take a quick bite. And once in a while, for a whole day, he sulks. And I perk up and behave – according to the folks hereabouts – like a normal human being. I live in fear of those days. Get all on edge. It's almost a relief when he goes into his yaps again.

BOB: Have you seen a doctor?

ALBERT: (*Pointing in the direction of the hotel.*) He's right over there.

BOB: No I mean, have you gone to one?

ALBERT: He's the only one.

BOB: Have you gone to him then?

ALBERT: What for?

BOB: Well, perhaps he could give you something.

ALBERT: Nope. I tried cotton. I tried muffs.

BOB: I mean for your nerves.

ALBERT: My nerves? I'm not nervous. It's you who's nervous. It's the other folks. Nervous about me and about the dog who they can't hear.

BOB: You mean, you don't mind it?

ALBERT: What do you think I've been telling you? Of course I mind it! I detest it! I want to kill the mangy hound. But that has nothing to do with nerves at all.

BOB: It'd sure make me nervous.

ALBERT: What's there to be nervous about? He won't come any closer.

BOB: I mean the constant noise.

ALBERT: There's always lots of noise. There are clouds and the corn, and naturally the people.

BOB: Well, the people yes! But the corn? You mean the wind in the corn.

ALBERT: No, I mean the corn itself. I mean the clouds on a still night.

BOB: I don't think most people hear that either.

ALBERT: Some do. I met a man once who said he could tell you just from careful listening whether it was June or July in a field of corn. In June the corn just squeals, while in July it crackles like a blanket on a dry hot night. Someone once explained to me the difference between a cumulus and a stratus cloud. A cumulus got a high-pitched little effeminate voice that stutters to the stars, while a stratus got a flat uninflected pitch like a Midway carney Kansasan crying: "Come on come on come on in." But no one hears this dog.

BOB: I don't know what else to suggest. Have you ever thought of moving away?

ALBERT: This is where I live.

BOB: I know. But there are lots of other wonderful places to live in. Without dogs in the distance.

ALBERT: I don't think so!

BOB: Just a vacation?

ALBERT: Besides, it might be worse. Another dog might growl or drool or hiss. And I'd miss him.

BOB: Who?

ALBERT: The one who barks. The one who howls.

BOB: I think you've got a problem!

ALBERT: That's what I've been telling you.

BOB: (*Turning away*) What was that?

ALBERT: I know, it's time for you to go. They all eventually turn away.

BOB: I mean that noise?

ALBERT: (*Cocking his head*) That's him!

BOB: He sounds so sad.

ALBERT: Doesn't he?

BOB: Actually he sounds sort of happy.

ALBERT: You think so?

BOB: Sort of silly. Like he's lolling on the lawn with tongue hanging out.

ALBERT: Could be.

BOB: Whining. No whinnying actually.

ALBERT: It's possible.

BOB: Sort of gurgling low in his throat. Growling now. Hear him?

ALBERT: (*Cocking his head*) Not my dog.

BOB: No?

ALBERT: Nope. Mine barks. Mine howls.

BOB: (*Listening closely*) Mine has gotten very quiet.

ALBERT: Mine hasn't let up.

BOB: Mine has put his head down beside his bowl to drowse.

ALBERT: My dog – the way he howls sounds almost as if he was trying to kiss the sky. Like he was in love with that old cumulus queer.

BOB: I think you've got a great imagination.

ALBERT: You were the one just making it up!

BOB: Yes. But I was trying to show you what you say seems like to others.

ALBERT: That's the problem. They don't got good ears.

In the distance a dog barks, howls.
BOB *shakes his head.*

UM CÃO TENTA BEIJAR O CÉU

Dois homens contra o céu.

ALBERT: Pode ouvi-lo?

BOB: O quê?

ALBERT: Ouve?

BOB: Quem?

ALBERT: (*Levantando a cabeça*) Ele está latindo.

BOB: (*Levantando a cabeça*) Não. Eu não o escuto.

ALBERT: Ouve agora?

BOB: Não.

ALBERT: Ao longe.

BOB: Dizem que tenho bons ouvidos.

ALBERT: Quem diz?

BOB: Minha mulher.

ALBERT: (*Levantando a cabeça*) Então, você o ouve?

BOB: (*Levantando a cabeça*) Não.

ALBERT: Então, você não tem.

BOB: Eu ouço um trem.

ALBERT: Não é trem.

BOB: Ao longe – lá – o apito.

ALBERT: Não há trens nesta parte do Estado.

BOB: Soa como um trem.

ALBERT: Não. Soa como um cão.

BOB: Eu me refiro ao apito.

ALBERT: É um latido.

BOB: O que você ouve é – evidentemente. Mas estou ouvindo um apito – como o apito de um motor – de um trem.

ALBERT: Não é trem.

BOB: Não soa como uma sirene.

ALBERT: Ah – é seu uivo.

BOB: Não soa como um uivo.

ALBERT: Mas é o que é.

BOB: Você já ouviu isto antes?

ALBERT: Todo dia.

BOB: Ao longe?

ALBERT: Muito longe.

BOB: E ele nunca chega mais perto?

ALBERT: Não muito.

BOB: E você nunca chega mais perto dele?

ALBERT: Por que eu quereria?

BOB: Para saber se é mesmo um cão.

ALBERT: Oh, mas é mesmo um cão.

BOB: Por que ele late ou por que ele uiva?

ALBERT: Não quero saber.

BOB: Talvez ajudasse.

ALBERT: A quem?

BOB: Ao cão. Talvez seja solitário.

ALBERT: Provavelmente apanhou.

BOB: Talvez esteja ferido. Você poderia ajudá-lo.

ALBERT: Não gosto de cães.

BOB: Eu gosto.

ALBERT: Então, eu queria que você também o ouvisse. Você poderia sair, salvar o cão ou fazer ele calar.

BOB: Eu não ouço nada.

ALBERT: (*Gritando.*) Você poderia fazer ele calar.

BOB: Pare de gritar!

ALBERT: Você lê lábios?

BOB: (*Confuso*) Não.

ALBERT: Como você sabe o que estou dizendo então?

BOB: Não sou surdo.

ALBERT: Então você não deveria dizer.

BOB: Eu não disse. Foi só uma figura de linguagem.

ALBERT: Bom, você o ouve ou não?

BOB: Eu não o ouço, mas ouço você.

ALBERT: Bom, você é das poucas pessoas que o fazem.

BOB: Fazem o quê?

ALBERT: Que me ouvem. A maioria das pessoas me dá as costas.

BOB: Dá as costas?

ALBERT: Para mim.

BOB: Mas por que elas fariam isso?

ALBERT: Porque não podem ouvir.

BOB: Você diz ao cão?

ALBERT: Ao cão. E então a mim, quando dão as costas.

BOB: Estão apenas confusas.

ALBERT: Não. É só que elas duvidam.

BOB: Bom, eu tenho que dizer...

ALBERT: Eu sei, você também duvida de mim.

BOB: É natural. Quero dizer, quando a audição de alguém é normal, o que a maioria das pessoas acredita que seja, e você ouve algo que alguém não consegue, é natural duvidar que você realmente esteja ouvindo esta coisa excepcional cada e todo dia.

ALBERT: Não. As pessoas não duvidam de mim. Elas duvidam do cão.

BOB: Bom, elas podem dizer que duvidam do cão, mas é de você – de você ouvir o cão – é o que está por trás do que eles dizem.

ALBERT: Ora, inferno, estou aqui. Eles têm olhos.

BOB: Eles não duvidam de sua existência, apenas de sua habilidade de ouvir.

ALBERT: Bom, eu o faço.

BOB: O quê?

ALBERT: Duvido de minha existência, quando todos eles me dão as costas. É como se eu nunca tivesse existido. Como o cão. E eles certamente não mais escutam – se o faziam anteriormente – o que tenho a dizer sobre qualquer coisa – o cão, o tempo, o dia que passa. Então, no fim das contas, eu me retiro e fico num buraco da cidade onde ninguém vai muito. E penso comigo mesmo.

BOB: O que você pensa?

ALBERT: Eu lhe disse, eu penso que ele está apanhando.

BOB: Eu quero dizer, o que é que você pensa consigo mesmo?

ALBERT: Oh, por exemplo, se ele está ou não apanhando. Ou se ele mereceu. Ou se ele vai parar. Ou se eu deveria pegar uma arma e ir para onde quer que ele esteja uivando.

BOB: Você não gosta de cães.

ALBERT: Foi o que eu disse.

BOB: Por que você não gosta de cães?

ALBERT: (*Ponderando por um momento*) Eles latem. E uivam.

BOB: Bom, conheço alguns que não. A maioria não uiva. E alguns não latem muito.

ALBERT: Apenas um já basta.

BOB: Você ouve outros cães?

ALBERT: Claro! Por toda cidade.

BOB: Agora?

ALBERT: Você está ouvindo?

BOB: Não.

ALBERT: Então por que você espera que eu o faça? Não sou melhor que você de perto. Quando eles latem, a maioria os ouve. E é por isso que eles são calados! Mas este – ele é diferente. Ninguém o ouve – assim parece – exceto eu. Assim, ninguém – exceto talvez o homem que bate nele – se importa se ele uiva ou não.

BOB: Ele pára alguma vez?

ALBERT: (*Olhando incrédulo*) Claro! Ele tem que dormir. Ele tem que comer. Eu vivo em torno daquelas poucas horas. Quando ele dorme, durmo. Quando come, engulo alguma coisa. E de vez em quando, por um dia inteiro, ele fica amuado. E eu me recobro e me comporto – de acordo com o paradeiro das pessoas – como um ser humano normal. Eu vivo temendo aqueles dias.

Fica tudo no limite. É quase um alívio quando ele recomeça seus ganidos de novo.

BOB: Você já foi ao médico?

ALBERT: (*Apontando em direção ao hotel*) Ele está bem ali.

BOB: Não, eu quero dizer se você já foi a algum?

ALBERT: Ele é o único.

BOB: Você foi vê-lo então?

ALBERT: Para quê?

BOB: Bom, talvez ele pudesse lhe dar algo.

ALBERT: Não. Eu tentei algodão. Eu tentei protetores de ouvidos.

BOB: Quero dizer para os seus nervos.

ALBERT: Meus nervos? Não estou nervoso. É você que está nervoso. São os outros. Nervosos por minha causa e por causa do cão que não podem ouvir.

BOB: Quer dizer que você não se importa?

ALBERT: O que você acha que eu estou lhe dizendo? É claro que me importo! Eu detesto! Eu quero matar o cão sarnento. Mas isso não tem nada a ver com os nervos.

BOB: Com certeza me deixaria nervoso.

ALBERT: Ficar nervoso com o quê? Ele se recusa a chegar mais perto.

BOB: Eu falo do barulho constante.

ALBERT: Sempre tem muito barulho. Há nuvens e o milho, e naturalmente as pessoas.

BOB: Bem, as pessoas sim! Mas o milho? Você fala do vento no milho.

ALBERT: Não. Estou falando do milho mesmo. Eu falo das nuvens numa noite quieta.

BOB: Não creio que as pessoas escutem isso também.

ALBERT: Algumas sim. Uma vez conheci um homem que dizia poder dizer só de ouvir se é junho ou julho num milharal. Em junho o milho apenas dá um grito estridente, enquanto que em julho ele estala como um cobertor em uma noite seca e quente. Alguém certa vez me explicou a diferença entre uma *cumulus* e uma nuvem *stratus*. A *cumulus* tem uma voz fina ligeiramente afeminada que balbucia para as estrelas, enquanto a *stratus* tem um tom infletido plano como o de um *carney* Midway do Kansas pedindo “Vamos, vamos, vá entrando”. Mas ninguém ouve esse cão.

BOB: Não sei mais o que sugerir. Você já pensou em se mudar?

ALBERT: Aqui é onde eu moro.

BOB: Eu sei. Mas há muitos outros lugares maravilhosos para se viver. Sem cães ao longe.

ALBERT: Acho que não!

BOB: Só umas férias?

ALBERT: Além disto, poderia ser pior. Um outro cão poderia rosnar ou babar ou assobiar. E eu sentiria saudades dele.

BOB: De quem?

ALBERT: Daquele que late. Daquele que uiva.

BOB: Acho que você tem um problema!

ALBERT: É isso o que eu venho lhe dizendo.

BOB (*Dando de costas.*): O que foi isto?

ALBERT: Já sei, é hora de você ir. No final, todos dão as costas.

BOB: Eu digo, aquele barulho?

ALBERT (*Levantando a cabeça.*): É ele!

BOB: Ele soa tão triste.

ALBERT: Não é mesmo?

BOB: Na verdade, ele soa algo alegre.

ALBERT: Você acha?

BOB: Parece bobo. Como se ele estivesse refestelando-se no gramado com a língua de fora.

ALBERT: Pode ser.

BOB: Ganindo. Não é relinchar realmente.

ALBERT: É possível.

BOB: Um tipo de murmúrio em sua garganta. Está uivando agora. Ouve?

ALBERT (*Levantando a cabeça.*): Não o meu cão.

BOB: Não?

ALBERT: O meu late. O meu uiva.

BOB (*Ouvindo atentamente.*): O meu tem estado muito quieto.

ALBERT: O meu não parou.

BOB: O meu abaixou a cabeça ao lado de sua tigela para cochilar.

ALBERT: Meu cão – do jeito que uiva – soa quase como se tentasse beijar o céu. Como se estivesse apaixonado por aquela bichona velha.

BOB: Acho que você tem uma grande imaginação.

ALBERT: Você é que estava inventando tudo!

BOB: Sim. Eu só estava tentando mostrar a você como o que você diz soa para os outros.

ALBERT: Ai está o problema. Eles não escutam bem.

Ao longe um cão late, uiva.
BOB *balança sua cabeça.*

Tradução: Régis Bonvicino

entrevista (1995)

Poesia inovadora é um modo de se ver o mundo[1]

Entrevista de Douglas Messerli
a Régis Bonvicino

P.: Você vê futuro para a poesia em um mundo mercantilista?

R.: A poesia, ou qualquer atividade literária inovadora, vai enfrentar dificuldades de sobrevivência em um mundo cada vez mais voltado para o consumo. Todavia, se alguma literatura inovadora conseguir sobreviver será a poesia, pois, entre todas as artes, é a menos vinculada às mudanças monetárias.

Aqui, nos Estados Unidos, o teatro (não o de Andrew Lloyd Weber) e a poesia têm estado em tão longa quarentena de remuneração financeira que os escritores jovens se sentiram à vontade para se dedicarem ao experimentalismo, para tentar novas linguagens – o que é

1. Entrevista publicada na *Folha de S. Paulo*, em 1º de outubro de 1995, Caderno Mais!, com o título "A Experiência da Linguagem".

essencial para a permanência da arte séria. Aqui, talvez, por ter se "alienado" da indústria cultural, a poesia tenha se fortalecido. Porém, não me agrada a idéia de arte marginal, que propositadamente se situa à parte e contra a sociedade. Quero trabalhar dentro da sociedade, para colaborar em sua mudança.

P.: O processo de globalização pode criar uma "dicção universal"?

R.: Espero que não se, com "dicção universal", você quer dizer a anulação de estilos particulares de escrever e de falar. Não há uma forma correta e única de expressar experiências. Trabalho por maiores e não menores complexidades nas línguas: Deus viu-se obrigado a destruir a Torre de Babel, apreensivo com o "poder do burburinho". Por outro lado, é importante comunicar-se, tentar compreender o outro e tolerar as diferenças de significado que cada um de nós representa. Comunicação é importante. Uma língua universal, não.

P.: Sua poesia contém pontos de vista sociais?

R.: É impossível que a poesia não tenha pontos de vista sociais. O poema é, num certo sentido, um "acordo" entre autor e leitor para se compartilhar a língua. Uma grande parte da poesia, da ficção e do teatro, no entanto, apresenta preocupações sociais da mesma forma que as empresas apresentam seus produtos. Como em verdadeiros comerciais, as questões são caracterizadas de modo a manipular o leitor. Não existe resposta fácil para os problemas que nos atormentam.

P.: Qual sua opinião sobre Ezra Pound, William Carlos Williams e Gertrude Stein?

R.: Você enumerou a "divina trindade" da poesia inovadora nos Estados Unidos. Com Pound, aprendi o que poderia ser um poeta. Com Williams, aprendi o que é um poema. Com Stein, aprendi como escrever um poema.

Pound nunca me agradou muito como poeta, embora os *Cantos* sejam até hoje surpreendentes, mas foi decisivo a me ajudar a compreender o que significa ser poeta. Prefiro o Williams experimentalista de *Spring and All* (1923) ao "bom doutor", de *Paterson* (1946/58). Williams mostrou como um norte-americano poderia escrever poesia diferentemente de italianos ou franceses. Pound, em geral, se inspirava em modelos europeus, enquanto Williams fez poemas vinculados ao mundo dos plátanos e dos "cortadores de grama", no qual vivi. Vidros quebrados num terreno baldio jamais seriam assunto para Pound! Stein foi a poeta mais importante. Poesia: uma vida vivida poeticamente. Stein escreveu a poesia que mudou nossa maneira de ver o mundo.

P.: Como você se situa na poesia norte-americana hoje? O que é "Language Poetry"?

R.: Escrevi peças de teatro e ficção antes de escrever poesia. Já estava na pós-graduação quando, estimulado por Marjorie Perloff, passei a me interessar por poesia em si. Por ter começado "tarde", mergulhei diretamente no estilo inovador daquele momento. Escrevia de modo "tão diferente" que os amigos diziam que o meu trabalho parecia "tradução" de uma língua exótica. Passei a editar uma revista, a *Sun & Moon: a Journal of Literature and Art*, e descobri que outros, como Bruce Andrews, Charles Bernstein, Ted Geenwald, Ray Di Palma e James Sherry estavam explorando um território diverso do explorado por Charles Olson e pelos poetas da Escola de Nova York ou do explorado por aqueles que ainda acreditavam nos *beats*. Estava interessado no processo da linguagem (palavra a palavra, sílaba a sílaba). E em como este processo produzia *significado.* Cada um escreveu poemas diferentes entre si, porém, nossas preocupações e atitudes eram semelhantes. Dentro do que a poeta Lyn Hejinian descreveu como um "acidente intencional", formamos um grupo. Com o tempo, apesar das inúmeras diferenças, este "grupo" passou a ser designado como "Language Poetry", pois muitos de nós havíamos colaborado na revista L=A=N=G=U=A=G=E, editada por Charles Bernstein e Bruce Andrews. Escritores da geração anterior, como Michael Palmer, por exemplo, passaram a também estar associados com o termo L=A=N=G=U=A=G=E. Mas não passávamos de um tempo e de um lugar, uma geração preocupada com a trivialização da poesia e com a necessidade de novas perspectivas. Já existia uma antologia de *Language,* editada por Ron Silliman. Porém, resolvi – a convite da editora New Directions – editar a minha, batizada de *Language Poetries.* Essas duas antologias definiram a "Language Poetry". Todavia, o alvoroço suscitou questões sérias. Os poetas de San Francisco recriaram uma espécie de "igrejinha", seguindo o modelo da Escola de Nova York, que tanto abjurávamos. Este foi o final da *Language,* se é que houve um começo.

Depois do "fim" do "movimento", retomei meus interesses multidisciplinares: poesia, prosa de ficção, cinema, teatro – fundidos. Escrevi, por exemplo, *Along Without*, primeiro volume de uma trilogia, *The Structure of Destruction*, com o subtítulo *A Fiction in Film for Poetry* (1993). Mas, também, retornei à poesia lírica e estou para lançar, entre outros, a coletânea *After*.

A poesia norte-americana de hoje é muito estimulante e diversa. O público tem crescido. Há novos poetas com trabalhos surpreendentes. A poesia é, no momento, a mais saudável e vigorosa das artes nos Estados Unidos.

P.: Como você criou a editora Sun & Moon?

R.: A editora nasceu da revista. E de minha convicção de que os escritores inovadores (teatro, poesia, ficção) haviam sido abandonados por editores comerciais e pelos professores universitários – Derrida, Lacan e outras figuras "não literárias" – que se voltaram para a teoria como centro de pesquisa e aula. Estas idéias podiam ser aplicadas a qualquer escritor do passado e do presente – inexistindo razão para se ler e ensinar poesia contemporânea. Voltei-me contra esse padrão e comecei a trabalhar com os resquícios remanescentes da poesia inovadora. Passei a publicar autores contemporâneos e, depois, iniciei a publicação da série "Clássicos", com Gertrude Stein, Paul Celan e, por exemplo, Eça de Queirós. Estes livros são "modelos", agora, para as universidades.

P.: O que significa, afinal, poesia inovadora para você?

R.: A poesia que entendo mais estimulante por vezes me deixa confuso, preso em uma armadilha, frustrado e, até mesmo, me faz sentir ódio ou me exalta por tanta beleza de sons e significados possíveis. Gosto da poesia que me faz repensar o que sei, que me exige a encontrar novos sentidos para minha existência. Este "significado para mim mesmo" é mais importante do que o poema, ao demonstrar, de modo transparente, um significado para todos. Literatura não é um "troféu" que você leva para casa. Quero reencontrá-la todos os dias, em termos novos. Um bom poema me faz voltar a ele pelo desafio que representa, por sua energia. Linguagem é força viva – que muda e que se transforma. Poesia inovadora é um modo de se ver o mundo e não mera atividade de escrita.

Tradução de Regina Alfarano
e Régis Bonvicino

resenha

O Outro Lado do Século[1]

A poesia produzida no Brasil neste século é dos poucos aspectos realmente fortes da cultura brasileira, ao lado da música popular, por ela, poesia, em muitos e decisivos momentos, influenciada. Basta citar os exemplos de Vinicius de Moraes com o samba e a Bossa Nova e o de Augusto de Campos com o Tropicalismo. Ilustra este diálogo a leitura que Tom Jobim fez, agora em seu último CD, "Jobim" (1994), do poema "Trem de Ferro" de Manuel Bandeira.

Mário de Andrade, Oswald de Andrade, Manuel Bandeira, Luiz Aranha, Raul Bopp, Carlos Drummond de Andrade, Murilo Mendes, Cecília Meireles, Patrícia Gal-

1. Resenha publicada na *Folha de S. Paulo*, em 14 de maio de 1995, Caderno Mais!, da antologia *From the Other Side of the Century: A New American Poetry – 1960-1990*, edição e introdução de Douglas Messerli, Sun & Moon Press, 1994. Para a presente edição foi mantida somente a tradução do poema de Larry Eigner, deixando-se de reproduzir as demais mencionadas no artigo.

vão, João Cabral de Melo Neto – para ficar com os que estrearam na primeira metade do século – não são menores ou menos universais que Ezra Pound, T. S. Eliot, William Carlos Williams, Wallace Stevens, e.e. cummings, Marianne Moore e outros, valendo-me, no caso, da literatura norte-americana como termo de comparação por ser ela das mais orgânicas, críticas e expressivas.

A força da poesia aqui produzida – sempre com a independência e os recursos dos próprios poetas – não encontra paralelo, por exemplo, nas ciências, na música erudita ou, para mencionar algo legitimamente *twenty*, no cinema (com exceções de Glauber, Nelson Pereira, Rogério Sganzerla etc.) – no Brasil, uma indústria de sanguessugas do Estado.

Ocorrem-me estas observações a propósito do livro *From the Other Side of the Century: A New American Poetry 1960-1990*. Este livro – organizado pelo poeta e crítico Douglas Messerli – se propõe a ser uma antologia da poesia pós-moderna norte-americana, reunindo o trabalho de cerca de oitenta autores, que estrearam ou ganharam projeção a partir dos anos 60. A quantidade de poetas, neste caso, não prejudica a qualidade – ao contrário, revela a variedade e diversidade de dicções, escolhas, caminhos seguidos a partir dos mestres do modernismo (Pound, Williams, Marianne Moore, cummings etc.).

Entre os autores elencados, há aqueles que – em maior ou menor escala – são conhecidos do público brasileiro: Louis Zukofsky (traduzido por Augusto de Campos), Allen Ginsberg, John Ashbery, Robert Creeley, John Cage (traduzido e amplamente divulgado por Augusto de Campos). A maior parte – como se vê – é desconhecida por aqui. O que não é demérito, já que os próprios brasileiros são desconhecidos do público brasileiro.

A antologia privilegia objetivistas (descendentes de Williams, por exemplo), neo-objetivistas e *language poets*, excluindo, por exemplo, os *beats*, nela representados unicamente por Allen Ginsberg. Há ausências como as de Gregory Corso ou Gary Snider, pertencentes à geração de Ginsberg e Creeley. As ausências entretanto não prejudicam em nada a qualidade do trabalho – que abre uma lente ao mesmo tempo intensa e panorâmica sobre a poesia pós-moderna norte-americana tão forte quanto o teatro, o cinema, as ciências, a música etc.

Uma das vantagens desta antologia é que nela se estampam trabalhos de poetas vivos e relativamente jovens em sua maioria. O livro abre com os textos de Charles Reznikoff (1894-1976) – um autor que retrabalha, com voz rural, a moderna história norte-americana ("O garoto, de onze ou doze/um garoto vivo/trabalhou para ele por quatro ou cinco anos/[...]/Mas ele apanhou o garoto roubando/ E o amarrou nu/ E o chicoteou..."). Em seguida, vem o trabalho de Lorine Niedecker (1903-1970). De Niedecker, traduzi o poema "Se Eu Fosse Um Pássaro" – tributo ao primeiro modernismo, que influenciou quase todos os elencados na antologia.

Uma antologia "semelhante" a esta feita aqui no Brasil reuniria necessariamente os trabalhos de Ferreira Gullar, José Paulo Paes, Afonso Ávila, Augusto de Campos, Décio Pignatari, Haroldo de Campos, Manuel de Barros (trabalho "semelhante" ao de Reznikoff), Sebastião Uchoa Leite e também o dos que hoje estão com cerca de 50 anos – para ficar só com os mais velhos – como Duda Machado, Paulo Leminski, Torquato Neto e outros. É escassa, muitas vezes raivosa, e pobre a discussão sobre a poesia pós-moderna brasileira. Excelentes críticos como Antonio Candido e Haroldo de Campos se dedicaram básica e heroicamente a estudar o modernismo.

Um dos méritos do trabalho de Douglas Messerli é o de reproduzir uma significativa quantidade de poemas de cada autor. Há, por exemplo, no livro, trechos do *Maximus Poems*, de Charles Olson, na linha dos *Cantos*, de Ezra Pound. Há uma boa quantidade de trabalhos de Robert Duncan (1919-1988). Duncan é considerado por uma crítica de envergadura como Denise Levertov como o maior poeta norte-americano pós-moderno, ao lado de Creeley. Dele traduzi um poema em prosa ("Estrutura de Rima"). No livro está o famoso poema "Thing Language" de Jack Spicer, já morto: "No one listens to poetry". De Larry Eigner – ainda falando dos mais velhos – traduzi o poema "De Volta a Isto". Ele pertence ao grupo do Black Mountain College, do qual faz parte também Creeley – o mais extensamente por mim traduzido. Uma poesia de linguagem, de intimidade com a língua, ao mesmo tempo rica em elementos vitais: a natureza ou antinatureza urbana, os dados biográficos, a subjetividade, a ironia, são traços comuns de quase todos os poetas.

Entre os mais novos, traduzi um poema de Diane Ward, nascida em 1956. Há autores excelentes como Cristhopher Dewdney, nascido em 1951. Em "Springs Trances", ele tematiza o Brasil: "Purple and line the Brazilian nights jewelled insects beads the lights". Mesmo entre os novíssimos – que fazem uma espécie de teatro-poema-performance – não há poemas visuais. Prosa poética e poema estrito senso predominam.

Há bastante experimentalismo como no trabalho de Alice Notley, nascida em 1945. Jerome Rothenberg – hoje um nome já internacional – está presente. Tina Darragh, nascida em 1950, produz vinhetas líricas sobre a linguagem: "a *hiperbola*/lançada além da medida/a hipérbole/exagero". Registrem-se ainda as presenças de Michael Palmer e Frank O'Hara.

A poesia brasileira – por sua consistência e originalidade – pode dialogar com a poesia norte-americana ou com a francesa ou com a alemã, neste século, apesar de todas as adversidades políticas, econômicas etc. Neste momento, deveria dialogar e avançar em suas próprias discussões. Em todo caso, é um exemplo para algumas áreas do país, ainda dominadas pela barbárie e pelo "garçom de costeletas" de que falava Oswald de Andrade.

Back to it

Larry Eigner

1960

The good things go by softly
Themselves it is our strengths
that run wüd

The good and the strong,dissipant,
an objectivejoy
sky

is empty there are clouds
there must be sound
there

the horizons are nothing

the rain sometimes is not
negligible

out on the sky
the other direction

growing until it is nothing
there are tnirafes and numberless deserts
inside the other house

lines,broken curbs
travel and distance
proportion thenselves
we must be animated,and malk

turn,abruptly
the lines are irregular

VOLTAR A ISTO

As coisas boas se vão, suavemente
Elas mesmas nossas potências
correm selvagens

O bom e o forte, dissipando,
um ob-jetivo céu
feliz

está vazio há nuvens
que devem estar seguras
lá

os horizontes, nada

a chuva às vezes não é
desprezível

fora no céu
a outra direção
crescendo até nada

há miragens e desertos inumeráveis
dentro da outra casa

línhas,guias quebradas
viagem e distância
na medida exata
devemos ser animados, e andar

dobrar, abruptamente
as linhas são irregulares

Tradução: Régis Bonvicino
e Tarso de Melo

bibliografia

Dinner on the Lawn. College Park, Maryland: Sun & Moon Press, 1979 (poesia).

Some Distance. New York: Segue Books, 1982 (poesia).

River to Rivet: A Manifesto. Washington, DC: Sun & Moon Press, 1985 (poesia).

River to Rivet: A Poetic Trilogy. Collection of three volumes above in slip case. Washington, DC: Sun & Moon Press, 1985 (poesia).

Maxims from My Mother's Milk/Hymns to Him: A Dialogue. Los Angeles: Sun & Moon Press, 1988 (poesia).

Silence All Round Marked: An Historical Play in Hysteria Writ. Los Angeles: Corner Books/Blue Corner Drama, 1992 (teatro).

An Apple, A Day. Riverdale, Maryland: Pyramid Atlantic, 1993 (poesia).

*Along Without: A Fiction in Film for Poetry/*Part I of *The Structure of Destruction.* Los Angeles: Littoral Books, 1993 (ficção/filme/poesia).

The Confirmation. Los Angeles: Sun & Moon Press, 1993 (teatro).

The Walls Come True: An Opera for Spoken Voices/ Part II of *The Structure of Destruction.* Los Angeles: Littoral Books, 1995 (poesia/teatro/ficção).

After. Los Angeles: Sun & Moon Press, 1997 (poesia).

A Dog Tries to Kiss the Sky and Other Plays. Los Angeles: Sun & Moon Press, 1997.

Título	*Primeiras Palavras*
Poemas	Douglas Messerli
Organização	Régis Bonvicino
Tradução	Claudia Roquette-Pinto
	Régis Bonvicino
Produção	Anderson Massahito Nobara
Projeto Gráfico	Ricardo Campos Assis
Capa	Marcelo Cordeiro
Editoração Eletrônica	Anderson Massahito Nobara
Primeira Digitação	Cláudio Daniel
Formato	14,0 x 20,0 cm
Mancha	21,5 x 34,0 paicas
Tipologia	Garamond 12/18
Papel	Cartão Supremo 250 g/m² (capa)
	Pólen Rustic Areia 85 g/m² (miolo)
Número de Páginas	116
Tiragem	1 000